Hans Mühlethaler

Auf weisser Mauer

Frühe Gedichte

Hans Mühlethaler

Auf weisser Mauer

Frühe Gedichte

Das Buch ist als Book on Demand hergestellt worden und kann über den klassischen Buchhandel und über die Internet-Buchhandlungen bezogen werden.

Bibliografische Information der Deutschen Bibliothek:

Die Deutsche Bibliothek verzeichnet diese Publikation in der Deutschen Nationalbibliografie; detaillierte bibliografische Daten sind im Internet über http://dnb.d-nb.de abrufbar.

Umschlagillustration Martin Müller-Reinhart
© 2013 Hans Mühlethaler
Herstellung und Verlag:
BoD - Books on Demand, Norderstedt
ISBN 9783732236176

Inhalt

ohne ende	7
die worte setzen aus	8
katzenschlank	9
wenn in einer landschaft	10
den platz an der tränke	11
ich habe gern	12
ich regiere ohne verfassung	13
ich bin geboren im zeichen	14
wenn jetzt das licht ausginge	15
in einen bus steigen	16
hier auf der seite des chors	17
was soll ein lyriker tun	18
ich erhalte antwort	19
ich wollte nüsse kaufen	20
man hatte schon alle	21
es handelt sich um	22
frostwarnung	23
gefüllt mit eisspezialitäten	24
apfelblüten	25
auf einer mitgliedkarte steht	26
wenn sich worte aus worten	27
wortlos	28
politische gedichte	29
was ich der öffentlichkeit zu sagen habe	30
wenn du	31
empört über die vielen	32
es hat mich traurig gemacht	33
zum 1. august 62	34
ihr wollt die schweiz verteidigen	35
sessionsbeginn dezember 64	36
eine sympathie für leute	37

was notwendig ist	38
in einer zeitung las ich	39
weihnachten 66	40
bern	41
münstereingang	42
thun (als ob nichts getan wäre)	44
bern bei bümpliz	45
im bremgartenwald	46
siedlung halen bern	47
von derr städtischen	48
nebeneinander	49
kindlifresserbrunnen	50
unter der kirchenfeldbrücke	51
am käfigturm	52
die songs aus dem theaterstück „an der grenze"	53

ohne ende
bin ich in deiner hand geboren
blühender holunder

schattenschwarz verlockt mich
ins gebirge deiner armut
am anfang war auch
gott nicht

strahlender in deinem duft
die ahnung einer reineren vollendung
entflogen aus dem rausch der farben
im gedächtnis deiner blätternacht

die worte setzen aus
und eine wand
bricht zwischen uns zusammen

ich sehe in ein
blau von blumen
die es nicht mehr gibt
darin ersticken meine fragen

in deinem atem zittert espenlaub

katzenschlank in den
abendhimmel verwachsen
der mond scheint nur noch
einmal in der nacht
unsere speise waren saure kirschen
und der schatten eines segelschiffes
hingezittert auf den see

aber du schweigst

wenn in einer landschaft
noch etwas fehlt
ein ort da ich gewesen bin
da du und ich gewesen sind
ergänzt der traum
bevor ich danach frage
als hätte ich immer gefragt
immer geträumt
und alle umwege
führen ans ziel
zu zwei verschwiegenen worten

den platz an der tränke
hattest du lieb
das sumpfgras gebüschelt
die schwarzen löcher mit
öligem wasser gefüllt

wir wandelten über inseln hinweg

ich habe gern
das provisorium
bauplätze auf denen die
arbeit stillgelegt ist
notbrücken
unterkünfte in
baracken
zeichnungsentwürfe
gedanken die man nicht
aussprechen kann
weil sie vorübergehen und nur das
vorübergehende
bleibt

ich regiere ohne verfassung
in einem lande das du
nie gesehen hast
ein neues reich zu bauen
auf dem
schutt zerschlagener gesetze
denn die geschichte
ehrt vergangenes durch
zertrümmerung
weil das lebendige

den anfang will

ich bin geboren im zeichen
des krebs
zersetzung der wirbelsäule durch
unheilbare geschwüre
bald werde ich nicht mehr
grad gehen
zur erde gebeugt die mich ruft
nähere ich mich den kleinen
dingen
spiegelungen des himmels
in den tautropfen

mein leben ist rückschritt
ins gebet zerböckelnder steine
in den schwemmsand der
großen grenzflüsse eines
zürnenden gottes

wenn jetzt das licht ausginge
und wir angst hätten du und ich
jedes könnte auf dem weg zur tür
das andere berühren
und mehr als das

warum der weg zur tür
warum nicht hierbleiben
warum nicht ohne licht
warum schweigst du plötzlich

wir haben zwei schwäne gesehen
in der bucht von lübeck
und mäuse die den zucker naschen
wenn man die kammer nicht schließt

ich möchte ruhen
im selben raum wie du
mich nicht stören lassen
durch deinen atem

in einen bus steigen und
fahren bis ans
ende der stadt

die stadt hat viele enden
und viele busse
die mich verführen ich
weiβ nicht wohin

zu hause kratzen
die löwen an
meiner tür

niemand ist drin

hier auf der seite des chors
graben sie aus
die älteste kirche der stadt
und ein paar knochen
von gläubigen

mehr als zehn gläubige
hatten nicht platz
in der ältesten kirche der stadt
mehr als zehn gläubige
gibt es auch heute nicht

so wäre die älteste kirche der stadt
immer noch
groβ genug

was soll ein lyriker tun
zwischen zwei ausrangierten lokomotiven
wie benimmt er sich
in gesellschaft von damen
die glauben dass sich
ein lyriker
nicht benehmen dürfte

schwierige fragen
beantwortet man jetzt mit der
telefonnummer
in gesellschaft von damen
lässt sich das leicht erledigen
wenn man zeit hat

er muss die brücke
mit ungeheuern belasten
salz auf den kuchen streuen
die erdbeeren
ungenießbar

ich erhalte antwort von denen
die ich nicht gefragt habe von
denen die ich nicht gesehen
habe von denen die taub
sind für mich

gedichte schreibt man
auf durchschlagpapier
manchmal wechseln die worte
manchmal fängt eine strophe mit
schweißgeruch an
dann ist es gut
und die die gedichte nicht lesen
sind selbst schuld

landessprache oder die
wüstenwanderung
oder ein maiskeimling
unter der glasscherbe
erstickt

ich wollte nüsse kaufen aber sie
hatten nur noch
schweres wasser. wenn man
anfängt mit schneekristallen und
endet bei johannes brahms. plombierte
sprechwerkzeuge.
weil dieser gedanke alles in
frage stellt ist er
falsch. warum nicht mit zerbrochenen
messern kämpfen? warum nicht die
notbremse ziehen?

ziehe die notbremse nicht

man hatte schon alle
büchsen geöffnet die turmuhr
schlug nur noch ganze
stunden und am telefon waren die
gespräche der frauen
längst eingeschlafen. aber

        mit der taschenlampe
        zündete sie in die dunkelheiten
        des doms
        den heiligen ins gesicht und den
        dämonen

wir fanden keinen schutz mehr auf den
kapitälen des glaubens wir lebten
verborgen in leeren milcheimern wir
fuhren auf den schienen des
fortschritts
zum ausgang des tunnels
zurück

es handelt sich um
teilfragen um erdachtes
um

        das dreizehnte stockwerk eines
        hochhauses die schweigepflicht
        des arztes die leeren töpfe der

heilsarmee und warum die kunst nicht
an einem faden hängt das erste und
letzte verhör mit derselben

        frage beginnt das klebrige an den
        händen die entstehung der blauen
        farbe im aug es handelt sich um

die liebe zum fußball um das was
einen versäumt um die steinplatten
unter der linde

frostwarnung mit den letzten
strahlen der sonne geschrieben die

       welt wird in ein
       plastik gehüllt wie

kaninchen schlüpfen
gedanken unter die zäune

       es liegt am
       wartenden an den
       teichen aus blei

an den zöpfen ohne bindschnur
umkehr
wurde geboten das licht
aus den batterien des elends zerrann mir
zwischen den händen ich
dachte ich wickelte mich ein
in windeln

       ein schneckenhaus
       neben dem silberbesteck

gefüllt mit eisspezialitäten und einem
dicken blumenkorso
an den rändern wächst es
nicht so rasch zu

        schreiben sie schreibmaschine
        oder omelette?
        ich serviere ihnen alles in
        gelb

zusammenfassend kann gesagt werden:
noch nie waren
so viele genies
auf der piste

        trotzdem:
        was helfen die
        fünfhundert ausstellungsstücke
        gegen ein einziges
        autodafé?

apfelblüten
auf weißer mauer
wandert der schatten
deiner hand
mit dem teppichklopfer
werden noten
gedroschen wenn es
regnen würde
hättest du zeit
für den geburtstag
meiner eulen

auf einer mitgliedskarte steht

abgereist
adresse ungenügend
unbekannt
nicht abgeholt
annahme verweigert
gestorben
zutreffendes ankreuzen
frist bis

tragen sie diese karte
stets bei sich

wenn sich worte aus worten zu
worten entwickeln

wenn worte worte entwickeln und
wortlos werden

wenn wortloses worte entwickelt und
entwicklung wird

wenn das wortlose wort wird in der
entwicklung zum wort

wenn die entwicklung zum wort
wortlos wird im wortlosen des worts

wenn das wortlose des worts
wort wird in der entwicklung des wortlosen

wenn die entwicklung des wortlosen
wort wird im wort der entwicklung

wortlos
wortgelöst
gelöst von worten
wortgelöstheit
von worten losgelöst
in worten aufgelöst
mit worten eingelöst
das los der worte
lose worte
das losungswort
das lösewort
das wort

politische gedichte

was ich der öffentlichkeit zu sagen
habe und was die öffentlichkeit
mir zu sagen hat

was ich von der öffentlichkeit zu
erwarten habe und was die
öffentlichkeit von mir zu
erwarten hat

was ich von der öffentlichkeit
zu erdulden habe und was
die öffentlichkeit von mir zu
erdulden hat

verbeugungen vor wem und fuβtritte von
wem und anpöbelungen von welcher seite in
wessen namen mit welchem recht in welcher
verantwortung mit welcher absicht aus
wessen vollmacht

lauernd gegenüber stehen die schwächen
abwarten die bündnisse durchstreichen
das zurückgeld zählen die bösen
worte sparen für die zeiten die noch
kommen werden

wenn du
etwas zu sagen
hast zum
politischen schicksal
der schweiz
sag es ohne wenn
und aber

koche die worte
nicht weich

wähle den
haken an
welchem dich
deine feinde aufhängen
werden selbst
aus

empört über die vielen
nichtvegetarier
menschen der bildung und der
vaterlandsliebe
von keinem gedanken besetzt als wie
bringe ich meine
speckwürste
aus dem brennenden sodom
und gomorrha

man sieht die fallen nicht die sie
stellen
so groß sind sie

es hat mich traurig gemacht
dass das volk noch immer ruft
wie damals vor pilatus
nicht diesen
gib uns barrabas frei
noch immer will es
seine mörder morden lassen
und den verdammen
der seine mörder
mörder nennt

zum 1. august 62

was ich zum vaterland sagen soll
weiß ich nicht
und wie man da hymnen machen kann
begreife ich nicht ich habe nicht gelernt
den hut zu ziehen vor den
vaterlandshymnen ich habe gesehen dass
das vaterland schön ist und die hymnen
nicht schön ich habe
mich erinnert dass das vaterland einmal
bedroht war von feinden und

heute ist es von hymnen bedroht

ihr wollt die schweiz verteidigen
mit kratzen und ins gesicht speien
wie gemeine kerle
mit einem schlag zwischen die beine

                                     nein

gebt sie auf eure schweiz
eure freiheit
eure präzisionsarbeit
tretet über
ins land der wehrlosen
nehmt das wichtige wichtig
den osterhasen
frau holle
den hustensirup

und wer unter euch
noch nicht vernommen hätte
dass wilhelm tell schon
gestorben ist

                                     nein

gebt sie her eure fahnen und
rütlischwurszenen
es schießt kein vater
dem eigenen kind
einen apfel vom kopf

für solche freiheiten
opfert man das
leben eines kindes nicht

sessionsbeginn dezember 64

sie kamen aus dem
welschland und wollten
demonstrieren gegen
die verurteilung der
militärdienstverweigerer

die polizei verhaftete
sie am bahnhof im
wirtshaus in den
straβen der stadt

jeder der ein béret einen
bart trug französisch
sprach wurde verhaftet

mit leeren filmen
zogen die reporter
vom bundesplatz heimwärts

im parlament ging die
arbeit am gesetz über die
wohnbauförderung weiter

alle waren dafür
aber für den frieden
war niemand

eine sympathie für leute die
anders sind

für solche die nicht so sind wie
sie nach ansicht der meisten
sein sollten

für solche die denen gefallen die
nicht so sind wie sie nach
ansicht der meisten
sein sollten

für solche die denen die so sind wie
sie nach ansicht der meisten
sein sollten
nicht gefallen

was notwendig ist
das auto der fiebermesser der
rasierapparat das fernsehen der
nylonstrumpf der bierteller das
tonbandgerät das büchergestell die
luftmatratze das make-up die
büroklammer der tabak der
skilift die badeanstalt der
kühlschrank der polstersessel der
flugplatz der stadtpark die
kunstausstellung das theater das
bordell die filmkamera die
fußballnationalmannschaft

was nicht notwendig ist
der krieg

in einer zeitung las ich
dass zwanzig jahre
nach dem abwurf der
bombe über
hiroshima
das spital für die
strahlengeschädigten
um 42 prozent erweitert werden muss
220 319 menschen
wurden bis jetzt
wegen strahlungsschäden
behandelt

später las ich
in derselben zeitung
dass zwanzig jahre
nach dem abwurf der bombe
diese noch immer
das beste mittel
zur verteidigung der
freiheit sei

weihnachten 66

auf einem bild
das das beste pressebild des
jahres sein soll
sehe ich einen panzerwagen
schleifend an einem seil
um beide fußgelenke gebunden
einen menschen
das gesicht gegen unten
auf dem panzerwagen die inschrift

us army
12 bx 8 4

bern

die karten sind noch nicht
gezeichnet
obgleich sich ein paar landvermesser
schon in dieser gegend aufgehalten haben
um mit ihren lupen
den nonius verlorener winkel
abzulesen

aber die instrumente stimmen
nicht mehr

die luft ist gesättigt mit
schokolade
mit den bleiernen produkten von
verkehrsstockungen
möven halten sich besser als
klapperstörche
kleine kinder sind nicht gefragt
im sumpf laichen jetzt
poetische gesetze

wer zu schnell einkuppelt
fliegt in die gedankenturbinen der
zeitungsverkäufer hinein

münstereingang

immer noch
scheißen die
spatzen aufs
jüngste gericht
warten die
törichten
jungfrauen
auf einen
heiratsfähigen mann
moses mit
seinen gesetzestafeln
ist weniger
wichtig als der
parkwächter

am nebenportal
sind die
besuchszeiten geregelt
der eintritt zum
turm kostet
20 rappen
es sind
247 stufen
zu überwinden
auf halber höhe
kann man den
platz sehen wo
sich der organist
erhängt hat

geh nicht

hinein du
hast hier
keinen schmuck
verloren lass
sie die
stühle drehen
nach billy
graham und
nach schützkonzerten
die wechsler geben
sonntags einen
kurs bekannt der
nur für
ortsansässige gilt

thun (als ob nichts getan wäre)

hier ist das parken
nur bis dreißig minuten erlaubt
der pelzhändler hat den
bernerbär gehäutet
in den kasernen
stehen die kanonen der
alten eidgenossen
zum schuhputzen herum

kleist
hat die inselherberge geschlossen
mit brahms floss der frühling
ins schallplattengeschäft
von der stadtmauer
schießen sie noch immer pfeile
auf die feinde der
vaterlandsprozessionen herab

bern bei bümpliz

in bern bei bümpliz
wohne ich herrengasse 5
wo keine herren wohnen

in bern bei bümpliz
hängen vergoldete abfallkübel
die nur benutzen darf
wer ein patent hat

in bern bei bümpliz
wurzeln die bäume
nicht tief
aber das papierholz
ist sturmsicher

in bern bei bümpliz
führt die polizei
einen deutschen schäferhund
im wappen

in bern bei bümpliz
wohne ich gern

im bremgartenwald

im bremgartenwald sagt man
gibt es fliegende teller im
bremgartenwald sagt man
gibt es keltische tempel im
bremgartenwald sagt man
gibt es das ei des kolumbus im
bremgartenwald sagt man
gibt es den kummer der soraya im
bremgartenwald sagt man
gibt es den zerbrochenen krug im
bremgartenwald sagt man
gibt es die relativitätstheorie albert einsteins im
bremgartenwald sagt man
gibt es das ökumenische konzil im
bremgartenwald sagt man
gibt es ein bremgartenwaldkonzert

siedlung halen bern

was ich an dieser siedlung liebe
sind die mauern
die niemand liebt
die betonmauern
von denen alle leute sprechen
das ist sing sing
und alle leute wollen in dieselbe ecke
petunien stellen
aber ich will nicht

von der städtischen
schuldirektion erhielt
ich ein schreiben
lautend dass ich
wegen der andauernden
wohnungsknappheit und um
administrative umtriebe zu
vermeiden unter dem
vorbehalt gleichbleibender
verhältnisse und der
steuerteilung auf
zusehen hin da
bleiben darf wo
ich bin

nebeneinander

beim heimgang unseres
lieben ix ypsilon prof.dr.med.
durften wir beweise herzlicher
anteilnahme in überaus reichem
maße erfahren wir danken für die
teilnahme an der trauerfeier die vielen
beileidsbezeugungen die kranz– und
blumengaben die zuwendungen an den
bernischen verein für invalidenfürsorge herrn
pfarrer klaus schädelin für seine tröstenden
abschiedsworte den herren professoren escher und
lenggenhager den herren doktoren könig und
geiser für den ehrenden nachruf herrn theo
hug für seinen musikalischen vortrag dem
corporationen-convent und der studentenschaft der
universität bern für den letzten fahnengruß den
ärzten und schwestern der medizinischen
klinik des inselspitals und der chirurgischen
abteilung des anna seiler hauses für ihre
aufopfernde pflege

heute morgen
schlief unser lieber
hans arp
basel 7. juni 66
lange gasse 5

kindlifresserbrunnen

vom kindlifresser
hörte ich sagen
er stehe nicht mehr
auf dem brunnensockel
vor dem kornhaus
er sei kein kopfabbeißer mehr
als chef der planung
sitze er in einem sessel
des eidgenössischen pentagons
auf seinen knien
der plan zum atomaren
kindermord

unter der kirchenfeldbrücke

zettel
rasen
eine aschenbahn
zwei knaben die
fußball spielen
vor dem leeren tor
und die leiche dessen
der den sprung wagte

am käfigturm
erwarb ich mir unter
marronibratern los-
verkäufern tauben
einen standplatz
angesichts der
bundes-
grünspankuppel
hochzuhalten das
banner der zukunft:

die weiβe dätwylerfahne

die songs aus dem theaterstück
„an der grenze"

scheinbar eine katze
scheinbar ein hund
mädchen mit dem mandelkern
mädchen mit dem rosenmund
nimm dich in acht
vor dem dieb in der nacht
vor dem schmutzigen schnee
an der grenze

wenn in der eisenbahn
man nicht mehr essen kann
wenn in der eisenbahn
man nicht mehr trinken kann
wenn in der eisenbahn
man nicht mehr schlafen kann
was macht man dann?

wenn in der eisenbahn
man nicht mehr sprechen kann
wenn in der eisenbahn
man nicht mehr tanzen kann
wenn in der eisenbahn
man nicht mehr küssen kann
was macht man dann?

man darf sich in der eisenbahn
nicht auf die füße treten
nicht mit der zunge schnalzen
wenn eine dame gegenübersitzt
man muss die fenster schließen
wenn die pfarrer beten
auch fluchen darf man nicht
wenn es nichts nützt
man muss ganz brav sein
und die brille putzen
den koffer ins gepäcknetz stellen
darf man nicht
doch darf man
wenn es sein muss
die gelegenheit benutzen
und sagen gnädigste
der hut passt ihnen ausgezeichnet
ins gesicht

wenn steine reden könnten
sie wüssten wann du von mir weggegangen bist
dass du mich damals
als du mich zum ersten male liebtest
schon verrietest

ebenfalls bei Books on Demand GmbH, Norderstedt, sind erschienen:

Mühlethaler, Hans:
Der leere Sockel, Roman, 2000/2009
ISBN 978-3-8311-0398-0, PB. 236 S., € 14.83

Mühlethaler, Hans:
Das Bewusstsein – Ursache und Überwindung der Todesangst, Essay, 2006
ISBN 3-8334-4914-4, PB, 188 S., € 13.20

Mühlethaler, Hans:
An der Grenze, Theaterstück, 2007
ISBN 978-3-8334-6570-3, PB, 72 S., € 4.70

Mühlethaler, Hans
Sternzeichen Krebs, Gedichte, 2009
ISBN 978-3-8370-8853-3, PB, 89 S., € 8.80

Mühlethaler, Hans
Evolution und Sterblichkeit, 2010
ISBN 978-3-8391-3355-2, PB, 212 S., € 15.70

Mühlethaler Hans
Pariser Innenhof, Gedichte, 2011
ISBN 978-3-8391-3609-6

Mühlethaler Hans
Abschied von Burgund, Roman, 2013
ISBN 978-3-7322-3264-2